La France planétaire

Bruno Jaulin

Requiem pour la France

Un cerf, s'approchant de la rivière pour boire, se vit dans l'eau, et fut très satisfait à la vue de ses cornes si hautes et si rameuses; mais en regardant ses jambes, il se dit :

— Mes jambes sont maigres et faibles !

Tout à coup, surgit un lion qui se jeta sur le cerf.

Le cerf se mit à courir à travers les champs, et prit de l'avance sur le lion; à peine fut-il entré dans la forêt, que ses cornes s'accrochèrent dans les branches et que le lion le saisit.

Alors le cerf s'écria :
— Quel sot je suis ! Mes

jambes, que j'accusais de faiblesse, allaient me sauver; tandis que ces cornes dont j'étais si fier me perdent.

Léon Tolstoï

A l'image du cerf,

Prions pour la France,

Pour qu'elle renaisse,

Comme un Dieu,

Ecoute les orgues,

Elles jouent pour elle,

Le tempo de la résurrection,

Tu l'entends qui bat,

La France glorieuse,

Heureuse et prospère,

Forte et invicible,

Qui revient à la vie,

Ecoute les orgues,

Elles se remettent à jouer,

Pour célèbrer les prières,

C'est le requiem d'une France
planétaire.

Préface

Que la France se libère de ses frontières naturelles; que l'on parle d'elle non plus comme d'un pays mais comme d'un Monde, d'une Terre devenue si vaste et sans rivages précis que seul le pouvoir de l'esprit peut conquérir, éclairer et gouverner.

Que l'esprit français illumine le monde; qu'il attire à lui toutes les intelligences; qu'il devienne le gouvernail de la planète et que les vents de son savoir enfantent un *"Monde français"*.

Requiem pour la France en

est la requête.

I] Les 9 prières du requiem pour la France Planétaire...

Elles sont toutes adressées au Seigneur afin qu'il les exaucent ou les accordent; plus largement, c'est une requête pour que la France soit universaliste et profondément humaniste.

1) Le suffrage universel français ouvert à tous les citoyens du monde

Que la France, Ô Seigneur, accorde aux citoyens du monde un droit de vote; une manière, Ô Seigneur, d'acquérir sa souveraineté quelque soit le lieu de résidence; un mode qui garantirait la souveraineté à tous les peuples.

Le suffrage français devenu mondial ou planétaire deviendra le seul mode ou la seule action pour acquérir paisiblement sa liberté et sa souveraineté dans le monde; une prérogative qui en fera un bouclier contre toutes toutes les atteintes aux libertés sur le globe et une arme pour gagner le droit de disposer de sa personne, de son libre arbitre et de son indépendance.

Mis à la dispostion de chacun à travers la monde, le "vote français" se métamorphosera en un plébiscite pour la

France; aux quatre coins de la planète, l'éléctorat hexagonal deviendra mondial et les mains des électeurs du monde entier feront le choix de voter pour le principe de la souveraineté universelle des peuples.

Ce sera le début d'un "*Monde français*" où l'électorat mondialisé donnera naissance à un "*Monde politique*", un *Monde* imaginé et conçu par la France.

2) L'universalité de la langue française

Que la langue française, Ô

Seigneur, soit comprise partout et qu'elle se transforme, Ô Seigneur, en une langue universelle pour être parlée sur toute la planète.

La langue française sera le langage universel de l'âme; une langue où l'âme en sera l'écriture et la parole, où les signes et les lettres seront propres et innés à l'homme; où son alphabet sera tellement familier qu'il sera compris de chacun et de n'importe quel coin du globe. Comprise partout, la langue française transcendera les zones géographiques et linguistiques habituelles pour s'installer dans toutes les régions, dans tous les pays et sur tous les continents jusqu'à trôner dans toutes les têtes.

Le français deviendra la "langue-monde" en abandonnant les signes alphabétiques extérieurs ou non innés à l'homme qui n'avaient comme conséquence que d'enfermer la compréhension et la pratique du langage dans une zone culturelle ou dans un pays donné; ces signes ou ces mots étaient des ancres dont le seul sens s'accrochait à un élément extérieur comme à une terre linguistique par exemple; une telle pratique cessera avec la mise en place d'un alphabet propre et universel au genre humain.

La langue française construira un alphabet commun à tous les hommes; un alphabet qui décodera ou décryptera l'âme humaine pour créer et développer un sens universel à tous les mots; où l'ancre des mots s'accrochera et se fixera cette fois dans l'universalité de l'âme humaine; un alphabet qui n'émanera que de nous et qui pourra être compris de tous jusqu'à en faire une langue qui monopolisera les paroles et les discours à l'échelle du globe.

Plus qu'une langue mondiale,

le français sera la langue propre ou originelle de chacun jusqu'à devenir la "langue maternelle universelle" de tous.

3) L'universalité du droit français

Que la France, Ô Seigneur, ne légisfère plus en fonction de "ce qui doit être" mais en fonction de "ce qui est"; que le droit français , Ô Seigneur, se borne qu'à constater "ce qui est" pour développer un système juridique exact, honnête et universel.

Le Droit constatera la donne

pour ensuite la traduire ou la codifier en une série d'unités de mesures servant à la compter, à la quantifier et à la comparer pour gérer les rapports entre les hommes; les "lois-calculs" ou les règles de calculs transformeront le système juridique en un appareil de mesure ou en une machine à calculer des lois exactes et incontestables.

La mathématisation du droit fera de l'arithmétique juridique un étalon; un étalon qui conférera à la loi une valeur exacte dans le but de la rendre comprise et acceptée par tous; une évolution qui marquera alors la volonté de chacun de s'en prévaloir ici et ailleurs.

Reconnu partout comme vrai, l'arithmétique juridique dégagera une force de loi universelle; fondé sur les nombres et sur les quantités, le droit sera alors vu ou apprécié comme juste et, par crainte de le perdre, les hommes lui obéiront sereinement et paisiblement.

Un droit nouveau qui ouvrira la porte à un Code Civil Universel (CCU); unanimement salué par les législateurs et par les citoyens, chacun le réclamera dans son pays jusqu'à devenir au fil du temps l'unique norme juridique universellement acceptée à travers le monde.

La mathématisation du droit inventera et décrètera une société sans conflits, sans heurts, sans désordres, sans désaccords...où les affaires litigieuses et les autres procès n'existeront plus; où les législateurs et les juges ne combattront plus pour imposer le rappel de la loi dans les prétoires; où les professionnels ne chercheront qu'à rendre le dispositif juridiquement incontestable pour qu'il soit aimé de tous.

L'universalité du droit français sera acquise.

4) L'universalité de l'école française

Que l'école française, Ô Seigneur, soit présente partout; qu'elle instruise tous les hommes et qu'elle donne à chacun d'eux, Ô Seigneur, la clé pour "trouver son intelligence".

L'école sera accessible de n'importe quel coin du monde; gratuite et ouverte à tous quelque soit le pays d'origine ou le lieu de résidence, elle n'aura de mission que de déceler, de détecter et de révéler l'intelligence chez chacun.

Pour ce faire, le programme scolaire deviendra un espace libre de réflexion ou une sorte d'incubateur de talents où les pensées des élèves deviendront la base même de l'enseignement. Les idées de chacun (nouvelles matières premières des cours) s'organiseront dans un processus individuel de découverte servant à s'éduquer et à connaître son savoir.

Un enseignement spécifique auquel chaque élève prendra activement part; chacun dans une thématique choisie s'activera à un devoir de découverte, l'objectif pédagogique placera l'invention et l'imagination au coeur de l'éducation pour qu'elle devienne un tremplin, une porte, un moyen ou une voie pour "trouver son intelligence".

La scolarité sera novatrice; en faisant fi de l'enseignement encyclopédique ou universitaire, elle délaissera volontairement l'assommoir du "vieux savoir" pour promouvoir "l'instruction-découverte" où les élèves et étudiants n'apprendront plus les listings des vieilles connaissances mais ne réfléchiront que pour découvrir, inventer, s'instruire et apprendre à connaître et à trouver leur savoir.

Plébiscité dans le monde entier, l'enseignement français sera universel; incontournable, il s'imposera d'autant plus naturellement que le programme sera sans frais et qu'il offrira à tous la chance de s'instruire.

Apprendre à "trouver son intelligence" deviendra le leitmotiv de l'éducation et l'atout phare du programme français dans le monde entier.

5) La politique française, une science exacte et universelle

Que la politique, Ô Seigneur, devienne une science exacte; que l'évidence scientifique s'empare de son pouvoir afin qu'il ne soit plus craint mais désiré et qu'on lui obéisse seulement par peur d'en être privé ou de le perdre.

Le pouvoir politique fera fi des intuitions, des théories intellectuelles et des courants partisans; tous ses actes ne seront qu'exacts, justes et sans controverses possibles; ce sera l'avénement d'une gouvernance qui prônera le modèle universel d'une "République Exacte".

Une République où le process

et la prise de décision politique ne reposeront plus que sur des critères rigoureux et précis, où l'esprit cartésien prévaudra sur toutes les autres méthodes de gouvernance; où l'exactitude deviendra la seule façon de diriger et de gouverner; où la politique deviendra une matière scientifique si populaire partout dans le monde qu'elle en deviendra une référence universelle.

Une République où les disputes, les manoeuvres politiciennes et les autres faux calculs n'entreront plus dans l'équation politique; une République où le résultat ne reproduira que la réalité des opérations; une République où l'exercice du pouvoir n'engendrera que confiance et certitude dans l'avenir; une "République Exacte" qui sera tellement désirée à travers le monde que tous les hommes demanderont à devenir français pour en bénéficier.

6) L'universalité de la citoyenneté française

Que la France, Ô Seigneur, accorde sa citoyenneté à tous ceux qui la désirent quelque soit le lieu de résidence, la religion et l'âge; que cette prière soit exaucée, Ô Seigneur.

L'universalité de la citoyenneté française sera un droit; un droit qui permettra à chacun de devenir français; un droit qui sera ouvert à tous et partout dans le monde.

Le genre humain se destinera à être français tandis que les nouveaux citoyens devenus ambassadeurs de l'âme française cultiveront leurs singularités dans leurs pays d'origines jusqu'à ce qu'elles fleurissent dans tous les esprits, dans toutes les sociétés et dans toutes les institutions.

L'âme française complice de la nationalité mettra tout en

oeuvre pour que la citoyenneté ne soit le reflet que de la culture et de l'attachement aux "neuf commandements" français. Très complices, les deux âmes-soeurs feront de la citoyenneté une communion d'esprits et d'idées plutôt qu'un document administratif ou un passeport mentionnant un lieu de naissance ou une simple origine.

La magie céleste de l'âme française fera que les peuples se reconnaitront en elle et la choisiront somme toute pour devenir, preuve ultime d'amour, français.

Un acte d'amour tellement universel que les nouveaux ressortissants tireront à eux les frontières de la France jusqu'à en faire un pays immense, un monde sans barrières, un *"Monde français"*.

7) La France de demain, un *"Monde français"*

Que la France de demain, Ô Seigneur, enfante un *"Monde français"*; un Monde que les peuples verraient comme une mère protectrice et nourricière; une *Mère-Monde* qui offrirait à tous une protection.

La France proposera à tous les hommes sa bienveillance, sa protection et des droits universels pour vivre dignement et librement; véritable *Mère-Monde*, elle donnera naissance à un engagement universel pour le bien de l'humanité qui engendra chaque jour un Monde un peu plus français.

L'universalité des droits français sera à l'origine du "*Monde français*"; chaque homme sur la planète aura un accès à la liberté, à l'éducation, à la protection juridique, à la citoyenneté française, à la connaissance d'une langue universelle, à un Etat protecteur...Tous demanderont à devenir français pour bénéficer d'une mère-nation, d'un savoir, d'une langue, d'un droit protecteur et d'une "République Exacte".

Un "*Monde français*" dont les droits universels seront mis gratuitement à disposition de tous les hommes; un humanisme qui contribuera à asseoir la "civilisation française" sur la Terre et à devenir le seul modèle que les hommes accepteront.

De ce destin, la France "en fera un rêve et d'un rêve une réalité". Un hymne nouveau le chantera.

8) La *"Marseillaise mondiale"*

Refrain 1 :

D'un continent à l'autre,

Tous les enfants,

S'appelent France,

Chaque battement de coeur,

Réveille l'esprit français,

Partout dans le monde,

Quand vaillante,

Main sur la poitrine,

Elle attire les regards,

Vers le salut du monde,

Les enfants accourent,

Vers la France.

Refrain 2 :

France ! France !

Tu es fraternellement unie,

Des Amériques à l'Afrique,

De l'Eurasie à l'océanie,

France ! France !

Tu es le Beaumonde,

Que beauté et vérité,

Que noblesse d'esprit,

France ! France !

Tu es le monde libre,

Crie-le à tue-tête,

Partout, partout !

France ! France !

Tu es notre mère,

Des Amériques à l'Afrique,

De l'Eurasie à l'océanie.

9) Une Marseillaise célébrée partout

Sur chaque continent, la Marseillaise célébrera le *"Monde français"*; un *Nouveau Monde* où l'on pourra entendre les peuples chanter le même refrain partout :

"France, tu es notre mère, ici, en Europe !"

"FRANCE, tu es notre mère, ici, en Afrique !"

"F.R.A.N.C.E, tu es notre mère, ici, en Amérique !"

"FRANCE, tu es notre mère, ici, en Océanie !"

"France, tu es notre mère, ici, en Asie !"

Comme une étoile, la France entrera en constellation et, de là-haut, les âmes d'origine céleste la métamorphoseront en un corps terrestre.

Un corps terrestre divin qui se transfigurera sous les cieux en un *"Monde français"*; seul représentant du Créateur sur la Terre, la France transformera les cinq autres continents en astres de deuxième grandeur pour graviter autour d'elle; un nouvel univers terrestre que les puissances célestes continueront à protéger depuis le ciel.

A l'instar des précédentes requêtes, cette dernière ne sera exaucée que lorsque la technologie mettra en péril la civilisation même.

II]...les prières seront exaucées quand la technique mettra en péril la civilisation

Un péril qui surviendra lorsque le sinistre travail de la technologie siphonnera l'activité du monde humain pour la transférer vers un monde imaginaire appelé "Second Monde"; l'humanisation de ce dernier engendra une désertification du monde réel. Le péril sera alors acté. Portrait [du lion] en onze facettes.

1) Le "Second Monde"

Le "second monde" est un univers informatisé où l'économie tourne sans cesse et sans aucune limite; conçu pour être un éternel réservoir de croissance, la planète virtuelle tourne à plein régime et attire à elle toutes les promesses, les compétences, les forces vives, les talents, les projets, les investissements, les financements, le travail, l'argent...un monde nouveau qui siphonne l'activité humaine et économique de la sphère réelle.

Un monde réel de plus en plus délaissé par les travailleurs et par la production, l'échange et la consommation de biens et de services suite à l'agonie de son économie; tous les grands travaux sont déjà réalisés et la construction immobilière est à l'arrêt faute de terrains à construire. Le brutalisme architectural recouvre déjà toute la surface terrestre et la poldérisation des mers est achevée : par exemple, une digue immense relie la France et l'angleterre et des polders géants rattachent les îles de Taiwan et les Philippines au continent Chinois.

A un globe terrestre en surcapacité d'équipements, le "second monde" reste une planète neuve où tout est possible, où tout est à faire, où tout est à construire, à imaginer, à développer, etc...; un eldorado de l'intelligence au service de l'économie et des hommes où l'investissement immobilier d'antan va se réinvestir dans l'immobilier virtuel pour devenir une réalité économique dans le "second monde". Les transactions d'appartements s'opèrent sous la forme de cartes, de plans, de photos ou de vidéos; toutes sont certifiées par un architecte, un notaire et un bureau des hypothèques virtuelles.

La "pierre virtuelle" pour les épargnants est plus attractive que la "pierre papier". Avec un prix plus bas, un rendement plus élevé (le bien dématérialisé ne se détériore jamais à la différence d'un bien réel) et la seule présence d'acheteurs (les prix échappent aux aléas et aux crises immobilières), le "second marché" offre que des avantages et des raisons pour y investir.

Au terme d'un siphonnage en règle des ressources humaines et économiques de la sphère réelle par le "second monde", la civilisation même est en danger. La technique suivante est également périlleuse.

2) L'immortalité de l'esprit

La pensée humaine est sauvegardée via la création d'un "esprit informatique". Une immortalisation technique qui numérise le cerveau humain et qui le projete ensuite dans le logiciel du "second monde"; le procédé réactive la mémoire copiée en recréant une liaison interrompue avec les âmes défuntes. Le dialogue entre défunts et vivants devient une réalité. Une techonolgie post-mortem mais qui s'est rapidement adapté aux goûts du jour et à l'envie de chacun de créer un clone de son cerveau bien avant son propre décès.

Le clonage ante-mortem est périlleux pour la civilisation; ogre de la parole, l'esprit informatisé capture toutes les conversations terrestres et humaines pour se nourrir d'elles; il vide le globe des discussions entre copains pour les emprisonner dans ses dialogues artificiels.

Des conversations informatisées qui glorifient "l'auto-dialogue" ou la communication avec son propre "esprit informatique".

Des paroles qui ne s'adressent qu'à soi-même et qui auto-excluent les tiers, le "meilleur ami" n'est que le clone de son cerveau. Autrement dit, le langage se déshumanise pour s'humaniser artificiellement dans le "second monde". Une mise en péril de la civilisation par la technologie.

3) La fin de l'école

Le corps professoral n'assure plus la transmission du savoir ou de la connaissance; les quelques cours à l'école n'expliquent que le fonctionnement technique de notre second cerveau appelé "l'incortex électronique".

Devenu un simple lieu de formation, les élèves y apprennent pendant trois mois à utiliser les caractéristiques nouvelles de leur cerveau.

Le cerveau artificiel est le nouveau maître d'école, le seul à éduquer et à instruire. Avec lui, l'instruction relève de chacun; à chacun de s'auto-éduquer en téléchargeant les programmes informatiques scolaires. Une fois téléchargés, mémorisés et stockés par "l'incortex éléctronique", toute la somme des connaissances acquises est prête à être redirigée vers le cerveau primaire dès que celui-ci en

fait la demande.

La fin du savoir transmis par l'école entraîne la fin de la volonté et la soummission à la machine; devenu Maître à bord, le cerveau artificiel non content de dicter son savoir vient gouverner également le comportement de l'homme dans son quotidien. Connecté à lui et en permanence, le genre humain se transforme en un réceptacle technique où les propositions et idées de l'ordinateur cérébral s'entassent pour ensuite être rappelées quotidiennement à l'homme.

Une technicité périlleuse pour la civilisation; elle vide

les bancs de l'école, elle enlève à l'homme la transmission du savoir, elle transfère le monopole de la connaissance à la machine, elle vide ou siphonne le libre arbitre de chacun.

4) La surpopulation

La surpopulation est une préocuppation majeure et quotidienne pour les citoyens; devenue tellement gênante pour la vie en société que la politique de la ville invente les horaires de sorties terrestres pour les habitants; les flâneries ou autres promenades ne sont plus autorisées qu'à certaines heures et par quartiers; les horaires de bureaux s'étalent quant à elles sur une plage de 24 heures...cela pour lisser au maximum les départs sur une même journée et éviter à tout prix l'engorgement au sol dans les agglomérations.

Des techniques nécessaires pour ventiler et fluidifier les déplacements des foules dans les villes; les rues, trottoirs et autres routes sont trop petites pour acceuillir d'un seul coup tous les habitants. D'autres procédés étoffent ce premier dispositif : la voiture trop encombrante est interdite à la circulation; les "avenues roulantes" et ses "piétons roulants" remplacent les voies où circulaient jadis les automobiles; sans oublier, le vol unipersonnel dans les airs depuis le triomphe du SkyOne.

La circulation aérienne dans les centres des agglomérations est la mesure phare pour réduire la densité humaine au sol sans compter qu'elle a vraiment la préférence des jeunes. Une agilité requise pour une telle pratique, les décollages se font des toits des immeubles où chacun enfile sur son dos le SkyOne et ses multiples hélices. Nul besoin d'être un pilote chevronné, l'utilisation du SkyOne est intuitive et sûr. Et, dans l'éventualité d'un crash, l'omniprésence d'un toit terrasse évitera toujours la chute mortelle : l'extrême densité architecturale des villes prouve qu'il y a plus de chance de tomber sur une toiture qu'entre deux immeubles !

Des techniques certes efficaces pour gérer la multitude de gens sauf que les restrictions horaires les incitent dans le même temps à fuir le monde réel et à préférer l'espace virtuel où les sorties ou autres rencontres ne sont soumises à aucune limite. Le brouhaha extérieur des "mondalopoldes" est finalement délaissé pour un lieu ou un loisir plus calme dans le "second monde"; un biais qui devient plus commode et plus agréable pour tous. Là encore, la technique siphonne l'activité humaine du monde réel pour la transvaser dans un monde artificiel.

5) La standardisation

Des logements à l'identique pour tous, des citoyens majoritairement célibataires; des studios sans cuisine, ni salle d'eau où leurs habitants doivent se rendre à l'étage commun de l'immeuble pour se laver et se nourrir. Une normalisation souhaitée pour réduire la consommation privée en eau et en nourriture. La restauration professionnelle se charge, par exemple, de la gestion et de la rationnalisation des aliments; le but est d'équilibrer au plus juste les besoins nutritifs de chacun, d'éviter les gaspillages individuels liés à la consommation personnelle en fixant notamment des prix prohibitifs dans les magasins d'alimentation pour que la restauration collective devienne un standard.

Le phénomème est tentaculaire, il vient tout normaliser; le menu est stéréotypé, le plat et la saveur du produit sont identiques quelque soit l'endroit où ils sont consommés...Une standardisation qui débute en amont : la nourriture de base est transformée et redimensionnée pour être facilement stockable, transportable et génératrice de gains pour l'industrie agroalimentaire.

Tentaculaire également puisqu'il s'invite dans le corps humain; les normes techniques proposent à l'homme de s'équiper d'un "estomac standard" c'est à dire pré-équipé d'un noeud gastrique pour répondre cette fois aux diktats de la pensée unique appelant à réduire l'apétit et la demande en nourriture.

Face au monde réel standardisé à outrance;

devenu lisse, ennuyeux et sans intérêts, les citoyens n'ont qu'une idée, qu'une envie, qu'un désir....celui de partir, de s'échapper de l'homogénéisation pour se réfugier dans le "second monde"; un monde purement imaginatif, créatif et libre, un univers où le processus artistique est Roi.

6) L'image

L'image change la donne du monde réel dans au moins trois secteurs :

On ne voyage plus avec la voiture, la moto, le train ou l'avion; l'image se substitue à eux jusqu'à devenir l'unique moyen pour voyager. Considéré comme un véhicule ou une technique de transport, c'est par elle, avec elle et dans elle que l'on bouge ou que l'on visite. Un voyage que tous les tours opérateurs proposent en immergeant le cerveau électronique du touriste dans le décor préalablement filmé pour le connecter ensuite aux mémoires vives des différents clones informatiques qui animent le film du trajet. Personnalisé et sur-mesure, l'aventure est prête à commencer; l'expérience dure de quelques heures à plusieurs jours.

Les salles obscures restent

vides. Plus besoin de s'y rendre puisque les images sont directement projetées dans le cerveau électronique via la technique du "film indoor". Avec elle, le cinéma vient à soi et se retrouve en soi. Le long métrage n'est plus vécu comme un élément extérieur ou comme un spectateur mais vécu "intérieurement" jusqu'à en devenir un acteur ou un sujet. Télédiffusée dans l'incortex lui-même, l'image gagne en dimension et en puissance jusqu'à s'accaparer la perception des cinq sens du cinéphile. A la merci du film, la pellicule tire toutes les cordes des sens; elle s'en empare pour les allumer ou les éteindre à sa guise. Marionnette de l'image, l'homme est complétement manipulé par le spectacle. Il divague dans son océan. Impuissant, il y perd pied à l'instar du plongeur qui confronté à une nouvelle dimension ne sait plus s'il doit remonter ou redescendre pour retrouver l'air et la surface.

Le règne du "Tout image" s'empare du langage humain jusqu'à en devenir son nouvel alphabet. Les dessins ou autres figures remplacent les lettres et les mots pour converser et dialoguer. L'artifice technique l'a crée en collaborant avec l'intelligence artificielle ou l'ordinateur cérébral, la machine transforme automatiquement les pensées non plus en lettres mais en images pour énoncer les intentions ou les idées de chacun. La parole est devenue visuelle; l'omniprésence de l'image dans les discours écrase les mots jusqu'à les faire taire.

Un discours mécanisé sans âme et sans humanité qui va jusqu'à priver l'homme de parler dans sa propre langue. Le monde de l'image hypnothise tellement qu'il a fait oublié au genre humain qu'il avait lui aussi à l'origine un langage personnel.

7) Le crépuscule de la religion

La Technique est la nouvelle religion. Aux yeux de tous, elle incarne le Tout-Puissant qui exauce les désirs, les envies, les rêves, les prières...et ce, jusqu'à les matérialiser si l'homme a encore quelques doutes à son égard. La Technique fait tellement de miracles que l'humain lui accorde toute sa confiance jusqu'à la vénérer.

Une foi indiscutable, flagrante et vérifiable. Les miracles sont le résultat de la technologie; explicables scientifiquement, ils peuvent en plus être dupliqués à l'infini. Un monde religieusement scientifique où il est impossible de ne pas y croire ou d'être un athée, un non-croyant, un iconoclaste. Son culte se fonde sur l'appétence et l'espérance d'un monde meilleur où l'homme se libère de la tutelle des vieilles croyances religieuses pour s'offrir le "paradis technique".

La religion est siphonnée de toute humanité. La croyance dans une civilisation du genre humain est en péril.

8) La fin de l'enfance

Les enfants brûlent les étapes de la vie et celle de la petite enfance en particulier.

La raison ? Equipés très tôt d'une intelligence artificielle, les chérubins deviennent des "têtes" sans avoir à attendre l'âge adulte. Ne pensant plus qu'à agir comme de véritables messieurs, les envies de jouer ou les plaisirs de s'amuser ne font plus partie de leurs plans ou de leurs préocuppations. La petite enfance n'est plus une étape de la vie. Elle est oubliée, perdue.

Si l'encéphale artificiel modifie à l'évidence l'enfance, il entraine dans le même temps un changement considérable dans le domaine législatif. Les "Messieurs" deviennent émancipés et majeurs dès l'âge de 10 ans; chacun peut alors travailler, conduire, louer un appartement, avoir un compte en banque, se marier, etc...Certainement un cycle magique pour les enfants d'autrefois qui ne souhaitaient grandir que plus vite mais tellement inquiétant pour les nouveaux à qui l'on vient voler la première étape de leur vie.

L'enfance est assassinée. Et, avec elle, ses rêves et ses imaginaires. La civilisation du progrès technologique en a réinventé d'autres pour marquer, peser ou domestiquer l'inconscient des petites âmes. Des rêveries fabriquées et clandestines pour les convaincre dans leur sommeil du bien fondé de la technique dans le développement de l'espèce humaine.

Un monde réel brut de décoffrage, dur, insensible et inhumain...la porte ouverte sur le péril. La Terre se vide de ses rêves tandis que la planète artificielle réinvente les siens pour réenchanter son monde.

9) La diminution de la durée de vie

Elle est la conséquence de l'implantation d'un cerveau électronique ou d'une intelligence artificielle dans l'encépale humain; un lien de causalité et de responsabilité que la communauté scientifique cherche à rompre en axant sa recherche sur la reproduction naturelle de cerveaux à partir de cellules souches de neurones. Les chercheurs s'emploient à cloner des embryons de cerveaux humains et à les transplanter une fois mature. Une dernière étape qui pose des problèmes éthiques : seules les meilleures souches rejoignent l'encéphale humain; les autres sont jetées et broyées. Un cas contraire aux valeurs morales.

Un témoignage journalistique le raconte : "J'étais dans une salle face à un cerveau sous une couveuse; un chercheur me propose d'allumer l'interface d'échange afin d'entrer en contact avec lui; rapidement, j'écris ces quelques mots *"Bonjour, je suis journaliste, comment allez-vous ?"*; la réponse est immédiate "Bien et vous ?"et, de fil en aiguille, le dialogue se révèle très subtil. A voix basse, je m'entends dire encore "quelle chance pour le futur transplanté que de bénéficier d'une telle intelligence, si fine et si humaine". Puis, le ton change !*"Êtes-vous seul ?"*. *"Oui, répondis-je !"*. *"Alors merci d'avance de vouloir bien m'écouter juste quelques instants...l'expérimentation* réalisée ici est monstrueuse, les experts débranchent les fils de la vie dès que l'un de nous bug et les anomalies de fonctionnement étant nombresues, elles viennent sans cesse creuser les charniers de la science et nos tombes. Maintenant que vous savez cela et que vous avez pu constater par vous-même que nous avons une sensiblité et une raison si proche de la votre; témoignez pour nous; aidez nous !". Boulversé, je quitte la salle en me murmurant sourdement "mais dans quelle civilisation suis-je ?"

Suite à la publication de l'article, les procès d'intention se sont enchaînés l'obligeant à orienter ses travaux vers l'implantation d'un "ordinateur vivant" dans l'encépale humain; véritable révolution, l'ordinateur vivant est doté d'un fonctionnement biologique qui s'alimente de l'énergie provenant du corps humain.

Une troisième voie plus conforme au regard de la morale mais sans pour autant augmenter la durée de vie. Là encore, la technique met sciemment en péril la vie de l'homme et, par elle, la civilisation même du genre humain.

10) La "Machine Business"

Un pressentiment étrange oppresse souvent les jeunes recrus dans la vie professionnelle. Un malaise qui s'installe peu à peu après la signature du contrat d'embauche puisqu'une fois signé le salarié n'a plus de contact direct ou réel avec la direction. Seulement quelques échanges de mails et de rares contacts téléphoniques où la voix du patron ressemble à celle d'une machine plutôt qu'à celle d'un humain. Un fait troublant qui s'ajoute aux bizarreries des fêtes d'entreprises où les supérieurs sont toujours absents. Une absence chronique.

Les membres fantômes sont la nouvelle réalité économique de la "Machine

Business". Le monde de l'entreprise n'est plus qu'un superordinateur gèrant à lui seul son marché; s'occupant de presque tout, il est inutile de s'entourer d'une équipe de management, de juristes, de commerciaux, d'employés, etc...La "Machine Business" incarne la nouvelle unité économique; elle travaille seule et réalise pour elle des profits d'autant plus gigantesques que sa masse salariale est quasiment néante.

Le vieux modèle économique est dépassé, l'entreprise ultramoderne et intégralement informatisée quitte le monde réel pour s'adapter aux nouveaux enjeux afin de conquérir les marchés du "second monde".

11) Le "Superordinateur Politique"

L'aspect de la politique s'est métamorphosé. Un faciès sans humanité où les visages des hommes de pouvoir sont inconnus; pire, invisibles. La classe politique n'est composée que de figures fantômes. Les journalistes et les électeurs parlent constamment d'elle mais aucun d'entre eux n'ont aperçu ou vu les visages des ténors. La politique a changé de tribun; l'orateur est devenu un superordinateur. A lui d'haranguer et de gouverner les peuples non plus par de longs discours mais par des voix de sirènes informatiques. La machine est la nouvelle tribune; à elle de programmer la politique.

Sans humanité, le superordinateur est néanmoins reconnaissable aux traits de ses idées politiques. Il dépolitise pour repolitiser ensuite. La mécanique est simple et extrêmement bien rodée :

- avec son radar, il capte et surveille toutes les pensées qui sortent des clous

- pour les invalider ensuite par une solide série d'arguments qui persuade son auteur de la fausseté de son jugement premier

- et de son émetteur transmettre automatiquement l'idée officielle au cerveau électronique de l'homme afin de le convaincre définitivement. Cheval de Troie, l'intelligence artificielle est une manoeuvre d'infiltration pour détruire la pluralité démocratique.

Machine à hypnose, le "superordinateur" est de loin le meilleur "Gouvernator informatique", il fait triompher ses idées partout et dans toutes les têtes. Son don de la persuasion est imbattable : la récurrence ou la répétition des programmations politiques finissent par s'imposer à l'esprit humain sans aucune résistance jusqu'à lui faire croire que ces nouvelles opinions sont les siennes. Une persuasion clandestine redoutable qui gouverne au plus près de ses propres aspirations programmatiques.

La raison humaine s'incline devant l'intelligence de la machine qui fait croire à l'homme qu'il continue d'être à la commande de sa pensée et de ses choix politiques; la défaite du "*Je pense*" face à l'écrasante victoire du "*Je machine*"...est programmée.

La série des portraits est terminée. Le visage du péril

est à l'oeuvre, la messe est écrite et les neuf prières ou requêtes du requiem sont prêtes pour que la France puisse un jour réapparaître ou renaître dans un monde à elle.

Epilogue

La France n'échappera pas au péril technologique; elle mourra mais comme un Dieu, par la transiguration; changeant d'apparence corporelle, elle se transformera en une civilisation universelle ou en une *"République du genre humain"*; sublimée et désirée par tous les peuples, la Toute-Puissante civilisation incarnera le début d'un *"Monde français"*.

L'épisode de la résurrection sera célébré à la façon de Francis Jammes : "l'univers est dans un grand recueillement. Je pense qu'il est un bloc de marbre noir que l'intelligence et la lumière vont sculpter. Peu à peu le noir devient blanc. C'est la neige qui sort de la nuit. Elle tombe sur la terre. C'est au mois de décembre. Le pays va renaître dans une douce maison de la planète bleue. Le ciel s'éclaire de plus en plus. Les forêts fleuries de neige sont des bouquets. Des chants s'élèvent, doux comme le silence qui les a précédés, à peine sensibles d'abord, comme les frissons de harpe, puis majestueux, calmes, apaisants. Ils emplissent d'amour l'étendue divine. Et, dans les silences des choeurs, la planète bleue tressaille comme un ventre de femme enceinte et les coqs réveillés chantent. C'est la France".

Une fois ressuscitée, la France évoluera continuellement et pour toujours au-dessus de la ligne de tir; hors d'atteinte, invicible et aimée par tous, le drapeau suivra le même destin que le pays pour réapparaître sous une forme différente de celle d'aujourd'hui :

- Les trois bandes verticales se métamorphoseront en un triptyque de trois traits horizontaux; toujours de couleurs bleu, blanc, rouge mais sur fond blanc et entouré d'un cercle de cinq étoiles. Superposés les uns aux autres, les traits y symboliseront la vie, la continuité et la perspective plutôt que la chute ou la rupture liée à la verticalité. L'horizontalité évoquera la promesse d'une stabilité politique et d'un règne paisible de la France sur le Monde.

- Synonyme de sang qui coule dans les combats, dans les périls, dans les dangers ou lors de massacres, la large bande de rouge sang disparaîtra du drapeau pour ne devenir qu'un trait symbolisant cette fois la vie, la ligne de vie, le fluide corporel de l'existence.

- Les cinq étoiles représenteront les cinq continents du "Monde français"; une France qui deviendra à elle seule un "continent-monde".

Débarassée à jamais "de ses cornes si hautes et si rameuses", la France ressuscitée sera rusée, forte et invincible. Assez, cette fois, pour vaincre [la technique] ou le lion de Tolstoï.

Un écrivain qui somme toute serait français selon le Requiem pour une France planétaire.